인생, 그 시시한 이야기 1

김화중 시집

시인의 말

누구라서
말 못할 사연 없으랴
누구라서 감추고 싶은 비밀 없으랴
누구라서 잊을 수 없는 슬픔 없으랴

하지만
비밀의 슬픈 사연을 외면한 채
화려하게 살고 싶은 욕망은
무모한 교만의 덫에 걸려
삶의 마디마디마다
후회의 멍에를 씌웠다

이제
내, 나와의 이별을 예감하는 순종으로
아무 것도 아닌 걸 아무렇지 않게 써서
몇몇에게 보낸다

시시하게
참 시시하게

2022년 12월
김화중

목차

봄

여름

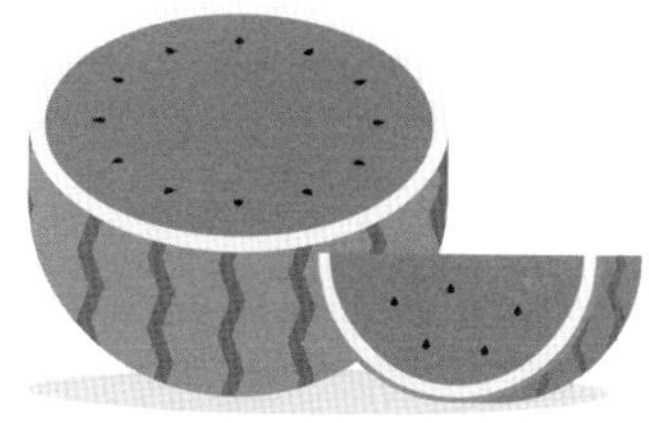

목차

가을

겨울

목차

그리고…

봄

춘분

네 밤을 잘라
내 낮에 더한다고
너와 내가 같을까

4월

안개 바람
스며 이는 아침

산수유 어린 꽃순
출렁이는 계곡

그늘녘 설핏한 햇볕
살며시
돌 틈 이끼 돋우면

어린 송사리
분주히 물결 쪼는
산도랑에

한아름 안기는
연두빛 꽃내

소쩍새

소쩍새
안개 아슴한 아침을
적막하게 쪼으면

사금파리
날카로운 비명처럼
깨어지는 여명

가만히 주워
젖은 안개 닦고
마른 시름 털어
머물 곳 없는 마음자리
저만치 걸어두면

소쩍새
먼 안부처럼 울어
잊고 있던 것들이
다시 그립다

연모

무너지는 별빛처럼
들꽃 흐드러진 벌판에 서서
나는 너를 생각한다

아카시아 같은 너의 노래
바람에 흩날리고

목련 같은 너의 기도
꽃잎에 깃들어

벚꽃 같은 너의 포부
하늘로 피어나는

무너지는 별빛처럼
들꽃 찬란한 벌판에 서서
나는 너를 생각한다

월악

얼음 풀린 충주호
씨알 굵은 붕어
자맥질 출렁거리면

달빛 가린 영봉
푸른 침묵 웅혼한
월악을 찾아

눈부신 아침
깨끗한 햇빛 묻은
싱그런 이슬 디뎌
초롱하게 올라서

풋풋한 한낮
바람 우는 풍경처럼
산사 정적 깨워
게으르게 헤적이다

노을지는 저녁
폐교 운동장처럼
텅 빈 세월의 잔해
가난하게 후회하고

어둠 고이는 밤
자규*의 핏빛 울음처럼
무너지는 그리움으로
사무치게 안기고 싶다

---

* 자규 : 두견잇과에 속한 새

나는 너에게

나는 너에게
찬란하고 싶었다

너의 과거에서
차용한 욕망에는
보관된 후회가 있지만

나는 너에게
지나간 날들의
마지막 약속이고 싶었고

너의 미래에서
선택한 요구엔
버거운 강요가 있어도

나는 너에게
다가올 날들의
맨 처음 예언이고 싶었다

영산홍*

4월의 어디쯤
햇 붉게 솟은 꽃싹

솜털 깃 홰치는
어린 새 부리처럼

오종종 삐쭉거리는
햇빛 모이 쪼은다

* 영산홍 : 진달랫과에 속한 상록 관목

그림자 술

들꽃 한움큼 꺾어
등불처럼 밝히고

오지 못한 너를 위해
술잔 하나 놓아둔다

술병 높이 들어
너의 빈 잔 채워
정이라고 우기며
마른 목 적시다가

내 술에 취하고
네 술을 주정하는 밤

먼 기별조차 난감한
너의 빈 자리
다시 섭섭해

꽃잎에 거른 그림자 술
넘치도록
빈 잔 가득 붓는다

도갑사 가는 길

삼천배의 참선
깨닫지 못한 고뇌
벚꽃 고목에 꽂혀
옹골진
도갑사 가는 길

산문 가르는 절연
벗지 못하는 욕망
접동새 피울음처럼
토하는
도갑사 가는 길

붓끝 같은 황토밭
고랑 이는 아낙네
휘몰아치는 심사
섬처럼 떠도는
도갑사 가는 길

사는 게 수행이라고
산바위 미륵이
가만히 웃고 있다

간이역

제비꽃
나란히 핀 간이역
기차는 멈추지 않았다

격자창 긴 의자에
헌 우산처럼 앉은 사람들
뉘엿뉘엿
하루를 환불하고

삐끗하게 걸린
벽 높은 시간표에
선택적 요구는 없어

흔들리는 외등
조그만 불빛에 갇힌
어엿한 별리조차

레일로 멀어지는
기차소리에
적막한 미련 남기는

간이역
바람으로 핀 제비꽃
기차는 멈추지 않았다

낮달 저무는 들녘에서

어린 나비 날개
소솔한 바람 이어

문득 뜨는
하얀 낮달

파랗게 질린 하늘
눈부신 햇빛 겨워

선뜻 지는
파란 낮달

귀로

눈 시린 햇빛
웅성이는 연병장
군악대 나팔소리
하늘에 걸리고

웃음으로 눈물 감춰
맞잡은 손 움켜쥔
막막한 당부

툭 툭
등 뒤로 떨어져
목울음 울컥
입술 깨무는 귀로에

산벚꽃
멀리 눈물져
뭉게뭉게 번진다

봄

풀잎에 달린
햇빛 한방울

바람에
폴삭 떨어져

또르르 굴러
호수에
퐁당 빠지면

화들짝 놀라
하얗게 번지는
봄빛 물결

봄비

몽실몽실 안개숲
버들 지는 아침녘

날씬한 물수제비
띄우는 호숫가에

살풋한 버들개비에
촉촉히 돋는 봄비

계란후라이

횃대 조는 암탉 몰래
살금살금 훔친 계란

들기름 둘러 부쳐 먹던
계란후라이는
철부지 어린 시절
맛있는 눈물이었네

소란스런 닭장에
어머니 소리 높아지면
뒷담 너머 줄행랑치다
풀잎 이슬에 철퍼덕

찡그린 눈가에
하얀 구름 눈부시던
계란후라이는
책가방 팽개치고 뛰놀던
신나는 눈물이었네

꼬질한 소매로
쓰윽 눈물 닦으며
절뚝절뚝 달아나던
아픈 기억 저편으로

몰래 부쳐 먹던
계란후라이는
시린 가슴 데우는
따뜻한 눈물이었네

고향

볏잎사귀 고인 햇빛
논두렁에 흥건한
거기에

쑥부쟁이 헤치는 소울음
외양간 덩그러운
거기에

뒤곁 수북한 거름내
울 너머 구수한
거기에

남사스런 서방
욕사투리 늘어진
거기에

높새바람 삽짝 밀쳐
주인처럼 들어서는
거기에

고향은
장승처럼 서서
달그림자 이슥토록
우릴 기다리고 있다

올갱이

봄이 오면
뒷마당 고인 햇빛
암탉이 쪼아 먹는
봄날이 오면

겨울 터진 손등 아물어
십 리 먼 달래강으로
올갱이 잡으러 갔었는데

건어 올린 종아리
소름 아직 오슬해도
햇빛 자박한
돌멩이 뒤집어
손 곱아 따던 올갱이

사그락 사그락
대소쿠리 수북해지면
강돌 고인 양은솥
끓는 매운내
햇물결에 풀어져

어느새 길어진 그림자
꼬르르 새참 조르는
올갱이 잡으러

봄이 오면
빨래줄 널린 겨울
햇볕에 뽀송해지는
봄날이 오면

물 아지랑이 어지러운
달래강으로
달음질쳤는데

참꽃

참꽃
엷은 슬픔 여며
하늘로 피는 거기에

처음부터
울 자리는 없었다

바람에 씻기는
선홍빛 눈물로
전할 수 없던 이야기
꽃잎에 들고

버려 얻고자 했던 것
다시 버려야 하는 날들
시나부로 견뎌야 했던

참꽃
저미는 아픔 겨워
흙으로 지는 거기에

끝내
울 자리는 없었다

꽃등불

1

여보게 여보시게
내 소리 들리는가

외 비명 한줄기로
그대 곁 떠날 적에

어느덧 탄식에 젖던
내 목소리 보이는가

2

홀연히 나선 이 길
어둠 속 끝 없는데

어디가 어디인지
어디로 가는 건지

차라리 돌아서려니
지나온 길 아득해라

3

날 위해 울지 말게
그 눈물 더 아프니

내 눈물에 자네 눈물
보태지는 제발 말게

어차피 홀로 가련만
등불조차 없을 수야

4

장독대 뒷울타리
가시 돋친 흰 찔레꽃

송이송이 꺾고 따서
꽃등불 엮고 엮어

휘영청 바람에 걸어
어두운 길 밝히려니

5

성근 가시 조심하게
가시 찔려 흘리는 피

꽃등불에 붉어지면
사무치고 사무친 정

서운한 심사에 찢겨
속울음을 통곡하네

6

꽃등불 밝혀 가는
다시는 못오는 길

웃으며 가려 하니
눈물 먼저 앞서거니

기막힌 꽃등불마저
어둠 부어 꺼뜨리네

여름

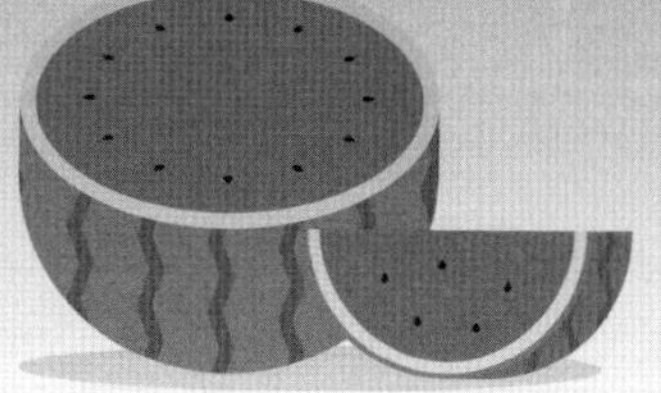

밀화부리*

산지기 굴피집**
지붕골 흐르는 빗소리
밀화부리 날개가
갸웃해지면

검게 그을은 잎사귀
핏줄처럼 얽힌 인연
밤을 도와 우는
밀화부리는

거두지 못하는 연모
하얗게 여윈 순정을

여름 갈피 펼쳐
초록이 그을도록
쫑긋하게 쪼은다

---

* 밀화부리 : 되샛과에 속한 새
** 굴피집 : 굴참나무의 껍질로 지붕을 얹은 집

달팽이

달~달빛 저문 아침녘을
팽~팽개쳐진 설움처럼
이~이어가는 느린 소풍

초여름 밤

지붕 쌓인 달빛
싸리꽃 울타리에 지고

텃밭 심은 별빛
하나 둘 켜지는 밤

술 익는 소리
징검다리 건너면

늦도록 술 권하는
소소한 인정에

달싸한 산딸기처럼
붉게 익어가는
초여름 밤

8월

노을빛 조각조각
떨어지는 바다를

기차는
운명 같은 파도 토하며
파랗게 떠나고

서운할 것 없는 사랑에
감전된 욕망
가만히 베어 버리면

8월의 마지막 기대는
주홍빛 시치미

코발트 빛 파도
운명처럼 토하며
떠난 기차를
애꿎게 기다린다

제주 바다

제주도 남쪽
파란 파도와
검은 파도가
교차하는 곳에 가면

오래 전
하늘을 가로 지른
별을 캘 수 있다

이미
심해어 퇴화된 눈으로
별빛은 숨어
눈물이 되었어도

냉정한 약속으로
무너진 가슴에
별빛은 파도를 헤쳐
또 하나의 빛을 토하는

마라도 채 가기 전
파란 파도와
검은 파도가
소용돌이치는 곳에 가면

용오름처럼 솟아오르는
별의 부활을
만날 수 있다

고추잠자리

이슬 함북한 꽃가지
숨어 앉은 잠자리 날개에

햇빛 한방울 대롱거리다
제 빛 겨워
포르르 떨어지면

숲은 소스라쳐
소란스레
깨어나는 아침을

구름 끝으로
날아 오르는 고추잠자리

장마

잊고 있던 친구의
막막한 기별처럼

돌이킬 수 없는
눅눅한 권태처럼

모르는 문제의
지루한 설명처럼

반지하 셋방에 쌓인
연체 고지서처럼

덧칠 구겨진
그리다만 유화처럼

부도난 어음의
기막힌 탄식처럼

오랜 무명가수의
목 잠긴 노래처럼

장마가 왔다

연꽃

오랫동안 감춘 잘못
뒤척이는 참회
풍경소리에 깨어나고

달빛 같은 후회
소매끝 설움
독경 소리에 씻기우면

화두에 꽂힌 무상
갈라진 인연
꽃잎에 새기는 밤

사랑도 미움도
다 잊었노란 비구니
아득한 미련이

세상을 향해 켜놓은
은은한 등불

소서

이른 햇빛
안개 사르는 아침

여름새 파랗게 우는
싱그러운 고요

기댈 것 없는 세상 등걸*
박꽃처럼 걸어두면

열대야 뜨거운 예보
선뜻 내어주는
여름 한 칸

* 등걸 : 나무의 줄기를 베어 내고 남은 밑동

우리 엄니

1

간장독 깨뜨린 날
대빗자루 매타작도

입 삐죽 밥투정은
그릇째 싹 치우던

이제는 무릎팍 짚고
이 빠지게 웃으시네

2

바람난 서방일랑
자식 보며 남 내주고

배 곯아 키운 아들
며느리는 종 부리듯

짓무른 눈 비벼 뜨고
가랑가랑 유행가만

오일장

비 젖은 천막
장대 밀어 올리면

닮아서 민망한 얼굴
서로 보고 웃는데

밑지는 흥정도 끊겨
막짐 꾸린 천막
시름만 꾸깃꾸깃

늙은 장돌뱅이
탁배기 사발술에
벌써 졸은 장마당

처서

1

투명한 하늘 멀리
비켜선 구름처럼

못잊어 그린 이름
입술에 날씬한데

애태워 다시 부르면
이제라도 오려나

2

그린 님 노랫소리
아직도 여릿한데

겹겹이 접은 편지
바람은 부치려니

한 움큼 이 가을 꺾어
외로움을 가린다

백로*

1

풀잎에 맺힌 이슬
가만히 열어보면

알뜰한 생각 너머
그리운 사람 있어

차라리 엇갈린 고백
절절하게 박히네

2

은은한 바람결에
그 얼굴 그려봐도

모르는 시간으로
떠나간 사람인걸

섣부른 포기의 후회
송이송이 맺히네

---

* 백로 : 이십사절기의 하나로 처서(處暑)와 추분(秋分) 사이에 있다.

나박김치

수원 누님 보내준
시원한 나박김치

사발 가득
매콤 쌉싸름한 맛

후루룩
입맛 다셔 먹다가
울컥 메이는 목

누님은 동생 위해
나박김치 담았구나

아픈 동생 입맛 잃을까
나박김치 담았구나

아이고
이 노릇을 어이할꼬

나박김치
짜서 못먹겠네

소금 같은 눈물 떨궈
짜서 못먹겠네

시원하고 쌉싸름한
나박김치
눈물 떨궈 못먹겠네

파랑새는 있다

전당포 물표 같은
시절에도
파랑새는 있다

부도난 수표 같은
도시에도
파랑새는 있다

이발소 그림 같은
신세에도
파랑새는 있다

놓지 못하는 열정
뜨거운 곳에

간절히 원하는 순정
떨리는 곳에

가볍지 않은 설움
저버리지 않는 곳에

파랑새는 있다

이슬

아무도 알지 못한
처음의 어둠 속을

은밀한 횡단으로
숨은 듯 다가와서

초초히 여명의 끝에
떨고 있는 빛송이

검단산*

하늘로 가는
중앙선 기차 숨찬
팔당호에 노을 잠기면

바람 시린 고추잠자리
제 그림자 맴도는
검단산 등걸에 서서

갈대 여울 깃든
청동오리
물찬 날개짓으로

하늘 가르는
양수리 들녘을
가만히 바라본다

가슴 꽂힌 사랑
바람에 휩쓸리는
억새풀처럼 사무쳐

아득한 단념의 잔
마시지도 못한 채
저만치 던져야 했던
모진 포기의 조각이

깊은 파문으로 번지는
노을빛 호수
그 또한 가만히 바라본다

---

* 검단산 : 경기도 하남시와 광주시 남종면에 위치한 산

전봇대 집

태풍 떨어진 간판
뒷간 옆 밀쳐 두고

어긋난 문 젖혀
욕 퍼붓는 주인 할매
내놓고 담근 밀주를

늘 보는 얼굴들
낡은 탁자 두드리며
서로 먼저 취하고

창문 먼 구석
오지 않는 사람
기다리는 여자가
눈물처럼 마시는

진봇대 집
욕바가지 걸쭉한
장부엔
외상술이 수북하다

일기장

마룻바닥 미끄러져
무릎 깨지던 어린 시절이

대학입시의 막막한 낙방과
얼굴 뜨겁던 재수 학원이

얼어붙는 입김으로 버틴
이등병의 겨울에 면회왔던
첫사랑의 눈물이

자괴감에 격리되어
알량한 철학으로
변경을 떠돌던 방황이

낡은 일기장에
밑줄 쳐진 먼지처럼
겹겹이 묻어있다

만성리 밤바다

사르락 사르락
검은 모래에 이는 파도
등댓불 사위도록
바다 깊은 전설을
이야기하고

먼 섬처럼
떠 있는 배의 불빛
별처럼 뜨는
만성리 밤바다

기다리는 것은
오지 않는다는 걸
이미 알아버린 사람이
비우고 간 술잔에는

약속을 지키지 못한
지난 날의 속죄가
덩그러니 담겨 있어

피맺힌
마래 터널 너머
달빛 저무는
만성리에 가면

사르락 사르락
검게 그을린 후회를
파도가 씻고 있다

충주 가는 길

연홍빛 덧칠한
산비탈 과수원에
느린 사투리 같은
토종 복숭아 겨우 몇몇

낡은 현수막 걸어
헤쳐진 강바닥
한 뼘 수심에
토종 붕어 간신히 몇몇

이제
밀려난 토종 복숭아에게
다시
쫓겨난 토종 붕어에게

살면 살아진다
살다 보면 살아진다
속없는 말 속없이 하다
풀석 웃음 꺾는
충주 가는 길

바람 앙상한
장호원 천변에
노을이 자욱하다

말죽거리 김씨

쌍문동 다리 건너
샘표 간장 짠내 끈적한
창동 둑방 낮은 셋집

저보다 큰 밧데리에 묶인
트랜지스터 라디오
찌직거리는 주파수는
고장난 펌프 같은 살림
30촉 불빛에 가둬
녹슬게 하던 시절

초라하게 숨어든 도시의
근근한 날품팔이는
하찮은 오기조차 후려쳐
풀석 무릎 꺾이는
기막힌 서울살이었지만

사랑
그거 하나 있으면
살 수 있을 거란 생각으로

살 벗겨지는 고통
입술 깨무는 치욕
업신여기는 모멸도
견뎌냈는데

사랑
참 별게 아니었다
사랑 참 같잖고 같잖았다

가난은 낯선 남자 품에
여자를 안기게 했고
배신의 분노는
몸서리치는 절망으로
그를 팽개쳐

무모한 복수의 방황은
술에 술을 이어
그림자 같은 세월을
망가뜨리며 살았다

그런 김씨에게
다시 손 내민 건
말죽거리 골목 식당
솜씨 좋은 여자였다

이제
재처럼 남은 날들을
정분난 여자의 찌개로
술을 마시고

고작 주정이야
대답 없는 이름 부르다
유행가 자락에 술을 쏟거나
술잔에 고인 눈물
아무도 모르게 마시거나

지금도
말죽거리에 가면
사람 좋은 얼굴로
사랑 그 쓸쓸함에 대하여
가만히 웃기만 하는
김씨를 만날 수 있다

가을

수행

꽃잎은
구름 그늘에 지고
생각은
풀잎처럼 흩어져

밤송이 같은 속내
천년을 우는 범종
소리결에 재우고

타는 번뇌의 불꽃
탑 도는 바람은
풍경에 사위어도

벗을 수 없는 인연
산 그림자 길게 디뎌
일주문에 기댄다

가을

서리찬 별빛으로
꽃잎에 깃든 그리움
가두지 못하고

그윽한 달빛으로
낙엽에 배인 외로움
거두지 못하는

가을은
그리워서 외롭다

초대

구름 우거진 하늘
하얀 낮달 곁
별 하나 심는 저녁

장작 타는 냄새
낙엽처럼 쌓이고
웃음소리 담을 넘는
햇빛 지워진 마당

초대한 사람의 묵은 정
술잔마다 가득하고

단아한 배려가
솜씨마다 맛스러워

모닥불
요염한 유혹이
밤을 태우는 거기에서

너와 내가
그리고
또 너와 내가
달빛 가득 채운
술잔을 비운다

상강

1

모진 게 인연인 줄
번연히 알면서도

미련을 잡은 손이
늦도록 다시 시려

그리워 헤매는 마음
서리서리 내리네

2

이 가을 다가도록
냉정한 너의 안부

기다려 지친 세월
서러워 차가운데

아직도 못 놓은 정분
서리처럼 쌓이네

3

지금도 부르랴만
가슴에 새긴 이름

먼 기별 있으랴만
눈길 준 들녘 너머

하늘빛 눈부신 체념
서리꽃에 여위네

인생, 노트

물음표로 시작해서
느낌표로 끝나는 게
사람의 한뉘*라는데

무엇을 물어
첫발 떼었는지
돌아보면 아득하고

어떤 걸 느껴
끝발 놓을런지
바라보면 막막한데

아무것도 쓰지 못한
인생 노트
밑줄마저 공허하고

마감을 재촉하는
시간의 통보
칼끝처럼 냉정한데

물음표는 느낌표에게
무엇을 물을까

느낌표는 물음표에게
어떤 것으로 답할까

---

* 한뉘 : 살아 있는 동안 내내. 인생

이랬으면

사노라면
서로의 처지 이해하여
곁을 주는 사람도 있고
서로의 형편 오해하여
멀리하는 사람도 있어

이해도 오해도
마음에 이는 바람이려니

이젠
이랬으면 좋겠다

옳고 그름 분별하되
많고 적음 차별 말고
서로 다름 인정하되
서로 다퉈 비난 말고

이해와 오해의
휘몰아치는 소용돌이

이해와 오해의
통속한 타협의 굴레

다 거기서 거기라고
마음깃 헤쳐 품어

그냥
살았으면 좋겠다

이별은 연습도 아프다

산다는 것은
이별에서 이별로
고리를 잇는 것

세월을 견뎌낸
이별의 고리마다

침묵의 회한
실타래처럼 엉켜
가려진 독백
눈물처럼 고이고

타버린 미련
허무하게 지워져
여미는 위로
가엾게 외면하는

이별은 연습도 아프다

함평만에 가면

함평만에 가면
해저 유물처럼 사랑이
잠겨 있다

머얼리 가깝게
고깃배 닻을 내리고
갈매기는 날지 않아
바람만 무성한데

다만
만을 가르는 달빛은
조각조각 떨어져
깊은 바닷속 밀어
쓸쓸히 길어 올리는 곳

그곳
함평만에 가면
해저 유물처럼 사랑이
잠겨 있고
우리의 약속은
폐선처럼 기울어져 있다

어떤 이별

내, 나를 떠나는 이별
처음으로 가는 길에는

빗나간 예감의 사치
냉정한 용서는 지워

다시 돌아올 수 없는 곳
무엇도 남길 수 없는데

차가운 연민 밀어내는
내, 나와의 이별 속으로

먼 길 고독이 만든
지루한 권태

툭 툭 떨어져
발길에 채인다

부산에 가면

퇴락한 거리
멈춰버린 시간들이
파도 소리처럼 숨어드는

가파른 언덕배기
계단에 앉아

헌 책 뒤적이는 손끝에
알싸하게 스치는
혼자라는 생각으로

다가서지 못하는
그리운 것에 대하여

낯선 쓸쓸함으로
가만히 부르는
너의 노래가 있다

들국화

가만히 부르면
대답 없는 이름처럼

소복히 안으면
품에 이는 바람처럼

곁에 있어도 알 수 없는
너의 마음처럼

깊숙한 그믐밤을
지나가는 달빛처럼

잊으려 더 아득한
안개빛 설움처럼

책갈피에 접힌
풋사랑의 잎새처럼

빈 객석에 공연하는
광대의 눈물처럼

파도의 세월을 떠도는
짚시의 탄식처럼

들국화
가을에게 길을 묻는다

구절초*

네가 핀다고
가을이 오고

네가 진다고
가을이 가랴만

한아름 길섶에
우거진 구절초

구도의 깨침처럼
순간의 영원을 피어
가을 한 칸 채우고

한움큼 바람을
떠도는 구절초

유성의 불꽃처럼
영원의 순간을 져서
가을 한 칸 비운다

---

* 구절초 : 국화과에 속한 여러해살이풀

추석

하늘 감은 어둠
한자락 베어
조붓하게 태우는 밤

낡은 그을음 같은
고단한 시간을
못난 솜씨로 엮은
흉겨운 해후로부터

여밀 옷깃도 없는
벌거벗은 궤적을
야윈 손길로 깁는
쓸쓸한 포부까지

어진 인정의 언저리를
소박한 달빛에 거두는

추석은
까맣게 그을린 세월을
버릴 수 없는 의미로
위로하고 있다

풀꽃

들녘 흩어진 풀꽃에는
이름이 없다

꽃내마저 몰래 숨겨
쓸쓸히 부르는
차별의 서곡은

무관심의 냉대에
수모의 각으로 꺾여도

풀꽃의 조용한 투고는
꽃진 자리마다
어김없이 다시 돌아

간결한 욕망의 몸짓으로
모욕의 들녘을
흩어져 버틴다

코스모스

얼굴 붉히던 고백
한 모금 햇빛에 마르고

지키지 못한 약속
한 송이 별빛이 사르면

차마
돌아갈 수 없는 시절
한줌 바람이 토하는
화려한 탄식

마곡사

1

기와지붕 끝에 부는
허튼 바람 잡았더니

버리고 다시 줍는
수행길 가늠 없어

두고 온 세상 인연
하늘 소매 적신다

2

한 뼘 재어 매어둔 달
풍경 소리 은은한데

들불처럼 이는 욕망
재울 수가 없었는가

먹물 옷 기운 자리
마디마디 아프다

3

새벽 예불 아직 먼데
벌써 깨어 한숨짓는

요사채* 세상 시름**
백팔배에 씻기랴만

슬며시 감추는 미망***
모르는 척 웃는 부처

---

* 요사채 : 절에 있는 승려들이 거처하는 집.

** 시름 : 마음에 걸려 풀리지 않고 항상 남아 있는 근심과 걱정.

*** 미망 : 사리에 어두워 갈피를 잡지 못하고 헤맴.

해바라기

뜨거운 정염의 정곡
팽팽한 빛으로 노려
까맣게 박히는 욕망으로

화려한 시절의 절반
활강의 바람으로 당겨
노랗게 날리는 질투로

이글거리는 배반의 끝
마지막 저항으로 태워
검붉게 쓰러지는 좌절로

해바라기
손거울 같은 가을
오는 길을 막아선다

남도 소리

찔레 넝쿨 마른 돌담집
감잎 흥건한 마당

목 타는 남도 소리
넝쿨담 너머
개울길을 흐르고

소매 걷은 북장단
들국화 이파리에
엇박자를 놓는데

서리감처럼 걸린
이별은 소스라쳐

문풍지 메긴 꽃잎처럼
가만히 묻는 설움을

남도 소리는
갈라진 득음으로
처연히 하늘에 그린다

녹동항

1

통통선 하늘 울어
바다 가르고

만선[*] 깃발에
파도치는 갈매기

핏줄 굵은 어부
바람난 주모 희롱
밤을 새우는 녹동항

어둠 재운 바다는
비릿한 소문을
모른 척하는데

* 만선 : 물고기를 많이 잡아 가득히 실음.

2

채 어두운 달빛
분주히 거둬

그물 걸린 갑판에
겨우 올리는 아침

눈 비비는 어부
고단한 해장술
주정하는 녹동항

여명 이는 바다는
지나간 회포를
말하지 않는데

아쟁[*]

1

달 어린 초사흘을
아쟁을 깊게 타서

여겨온 시름조차
청현히[**] 씻으려니

외줄기 바람에 실린
달빛마저 시리네

2

굽이 친 활대짓을
유원히[***] 누른 농현[****]

눈 감고 바라보다
그윽히 안기우면

지그시 밀어낸 풋정
손끝에 아리네

---

* 아쟁 : 한국 전통 음악에서 쓰는 현악기의 하나
** 청현히 : 맑고 고요하게
*** 유원히 : 아득히 멀리

3

늦은 밤 헤아리는
애조는 단아하게

꽃서리 하얗게 핀
섬돌을 디뎌 들어

은은한 국화향처럼
문풍지에 배이네

**** 농현 : 한국 전통 음악의 현악기 연주에서, 왼손으로 줄을 짚어 원래의 음 이외의 여러 가지 장식음을 내는 기법

외등

어둠 휩쓰는 거리
외등 하나
등대처럼 켜지는 밤

나무랄 것 없는
단념으로
먼저 보낸 사람이
차마
쓸쓸한 까닭은

깨질 리 없던 순결
산산히 부서져
약속을
눈물로 지우고

멈출 수 없는 생각
하얗게 태워
미련을
후회에 담아서

홀로 선 외등
버릴 수 없는 것들을
불빛 밖으로
밀어냈기 때문이다

포구에서

노을빛 자박한
바다는
붉게 저물어가고

먼 돌섬 곁 고깃배 하나
갈매기떼
꽃잎처럼 나부끼며
들어오는 포구에서

나는 누구를 기다려
이 비릿한 사투리에
취하는가

나는 무엇을 구하려
이 낯설은 인정을
겨워하는가

바다는
나를 모른다는데

저문 바다는
아주 나를 모른다는데

산

거미줄 올망졸망
아침 이슬처럼

계곡에 도랑도랑
푸른 물소리처럼

산사 정적을 깨는
고요한 풍경처럼

고단한 하루에 깃든
서쪽 노을처럼

고목 끝가지에 걸린
부엉이 울음처럼

한줄기 쓸쓸함으로
저 산은 내게 오라 하네

겨울

겨울

돌 구르는 소리
꽁꽁 언 개울

으쓱으쓱 외썰매
귀 빨갛게 타다가

휘이청 우당탕
돌부리에 채이면

쨍그랑 깨지는 겨울

돌틈 졸던 송사리떼
쏜살같이 숨는다

겨울밤

후두득
장작 타는 소리
익어가는 아궁불

수수깡 바람벽에
불그림자 그리는 밤

짚 동가리처럼
기대 앉은 사내들
등 시린 술잔 권하는
두툼한 인정을

젊은 과수댁
묵은 담북장
잿불 올려 데우고
살얼음 서걱대는 김치
밑동 쳐 내놓는다

겨울비

어둠 깃든 거리에
눈처럼 비가 내리면
벌써 부산한
퇴근길 선술집

서로 자기 말만 하면서
술잔 부딪치는 사람들

우리는 하나라고
연탄처럼 뜨겁게 우기며
목청껏 취하곤

빈 술병만큼 관대해진
주정으로
지갑 흔들어 계산하고

조그맣게 골목 지키는
목포집 간판도 꺼질 무렵
얼싸안고 나와

흥겨운 허세 왁자한 거리를
느린 불빛 헤치며
집으로 떠내려가다가

문득
바람처럼 가슴에 이는
따뜻한 소리 있어

겨울비 내리는 거리를
다시 돌아 안개처럼
어묵집으로 향한다

슬로베니아

찢긴 발칸반도 구석
꽃씨 같은 나라
몰락한 귀족의 성에는

화려한 벽화
은둔자의 고독처럼
낮은 어둠에 걸리고

피의 분노
무채색 증거는
음울한 선율로 배어

종탑 높은 십자가
우러른 순례자의 기도
색 바랜 지붕을 넘는데

찢긴 발칸 반도 구석
꽃씨 같은 나라
슬로베니아에선

지금도
바다를 길어
하늘에 붓는다

눈물꽃

산다는 게 참 그렇다

기쁜 일보다 슬픈 일
더 많았던 지난 날

눈물은
꽃으로 피어
마른 세월 적시지만

추억은
눈물로 지워도
눈물로 남아

채울 수 없던
욕망의 모퉁이마다
감수했던 포기

감추고 싶었던
잘못의 길목마다
쑥스럽던 미련

송이송이
눈물꽃으로 피어
다시 서러운

산다는 게
산다는 게 참 그렇다

밤비

묵화 같은 밤
은은히 가르는 빗소리

지나간 날
어리석은 결정이 분배한
회한의 모서리 적시고

남겨진 날
수거함에 버려진 옷처럼
남루한 사정 씻어도

여전히 견뎌야 하는
몇 번의 실언을

밤비는 툭툭 털고
어둠 속으로
마실가듯 나선다

세한도

인연 맺고
인연 끊는 애연
세한도에 부는
사무친 풍설 같은데

인연 머물다
인연 떠나는 순종
세한도에 흩어진
그늘녘 잔설 같은데

인연 그리워
인연 지우는 절연
세한도에 휘어진
청연한 설송 같은데

인연 찾아
인연 버리는 세월
세한도에 흐릿한
붉은 낙관 같은데

빈 길

아무도 가지 않는 길
산으로 숨은 끝에는
하늘로 가는 문 있을까

구릉 흩어진 풀꽃
손대지 않은 적막에 피고

산기슭 가려진 바람
우거진 침묵을 깨는

서두르지 않는 배웅으로
떠나온 길

그 길 끝에는
조금 열려 있는
문 하나 있을까

안개

어둠 휘감은 안개
몽환의 거리에
밀감빛 등불 켜서

떠나는 사람
마지막 시간 밝히면

남겨진 생각의 편린
안갯속 미로의 방황
날카롭게 찔러

치명적 상처가
덧난 그리움 지워도

안개는
어둠 마르잖은 거리에
몽환의 등불 심지
다시 돋운다

소풍길

1

기다려 애태운 적
다시도 없었지만

온다고 말린 적도
나서서 없었더니

불현듯 옷소매 잡아
서두르는 소풍길

2

병 깊어 아픈 몸이
미련은 있겠는가

손끝에 아린 사연
아쉬워 울겠는가

차라리 서러운 웃음
나눠주고 가려니

3

온 곳을 알거니와
갈 곳을 모르랴만

조금만 더디가자
부탁은 안타까워

정녕코 가야 하는 길
후회마저 없으랴

12월

1

어느덧 준비 없이
맞닿은 마지막을

오랫동안 고마운
단단한 언약으로

기어이 그만두려는
너에게로 속죄를

2

이제는 알고 있는
알량한 축제를

아직도 미안한
거칠은 배웅으로

오로지 잡으려 하는
나에게로 용서를

나는…

1

채우려 더 움켜쥔
우왁스런 욕심
버리려 더 옥죄는
고집스런 미련

잊으려 더 새겨진
곤혹스런 후회
잠겨진 마음장에
철 지난 외투처럼
깊게 걸어두고 살았네

2

비겁한 변명이 폐기한
남루한 고배
암묵적 강요가 선택한
건방진 축배

사나운 집착이 요구한
허망한 독배
깨어진 마음잔에
넘치도록 부어
취한 주정으로 살았네

꿈에

1

오랜 세월 깊은 곳에
몰래 숨긴 이야기를
지붕 높은 나뭇가지
바람 불어 달아두면
달빛처럼 은은하게
세상 멀리 퍼지려나

2

햇빛 마른 하늘 조각
지친 어깨 내려 앉아
움추러든 옷매무새
따뜻하게 추수르면
서리 하얀 풀꽃처럼
추운 겨울 견디려나

3

슬그머니 손 잡으면
먼저 안겨 눈 꼭 감던
젊은 주모 권주가에
술잔 들어 취하는데
잊고 있던 이름 하나
쓸쓸하게 곁을 주네

4

시베리아 횡단 열차
가고 가도 툰드라 숲
보드카를 마시면서
밤을 새워 가고픈데
바이칼호 차디찬 물
풍덩 빠져 보고픈데

5

이젠 모두 늦은 건가
이젠 모두 꿈인 건가
깊은 상념 뒤척뒤척
불러보는 유행가를
누가 깨어 듣겠는가
누가 함께 하겠는가

쐬주 한잔

겨울비 고인 자리
바쁜 발길에 깨지는
살얼음 소리를

반지하 창 너머로
성글게 눈길 놓는
아내 등 뒤에서

신문지 바닥 깔고
묵은 김치 내어
쐬주 한잔 한다

부고장

1

꿈만 같은 한평생을
술잔 채워 거두는 날
기막히고 기막혀서
취하지도 못하는데
타오르 듯 솟구치는
슬픔 하나 슬픔 두울

2

흉터처럼 독한 사연
연기처럼 날아가고
혼신 다해 이룬 표상
맥도 없이 허물어져
한 세월을 접었는데
아직 남은 세상 미련

3

피가 배인 부고장을
하늘 들어 찢으려니
밤을 새운 주정에도
새겨지는 회한 깊어
통곡하는 너의 침묵
섧고 설워 또 눈물이

김장

누나는 좋은가 보다
젓갈 비릿한 김장으로
겨울이 든든해서

누나는 좋은가 보다
보쌈 흥겨운 김장으로
겨울이 따뜻해서

누나는 좋은가 보다
손 큰 김장으로
겨울이 넉넉해서

문풍지에 펄럭이는 바람
오들오들 떨던 시절

품삯 배추 맨소금 절여
젓갈도 보쌈도 없는
손 시린 김장에도
누나는 좋아했는데

불기 가신 아궁이
옹기종기 쬐며
묻은 김장독 헐어
누나는 봄을 기다렸는데

누나는 좋은가 보다
나눌 욕심 버무린
김장해서 좋은가 보다

회한*

1

염려와 걱정으로
얼룩진 지난날이

좌절과 절망으로
휩쓸린 이제까지

사나운 소용돌이에
휘날리는 허무를

2

순정은 어리석게
믿음은 알량하게

실패를 외면하는
무모한 변명으로

끝까지 버텨내려는
억지스런 욕망을

3

세상이 침묵으로
헤젓는 마음자리

쓰라린 후회인가
우러른 미련인가

오로지 놓지 못하는
속울음만 회한을

---

* 회한 : 뉘우치고 한탄함.

폭설

긴급 재난 방송에
눈이 내린 날
도시는 영점에 멈추어

비난하는 서로의 분노
날카로운 비명이
밤을 새우고

폭설이 휩쓰는
혼돈의 소용돌이는
어이없게
다음을 포기시켜

영점에 멎은 도시는
아무 수단도 없이

하얀 어둠을
한 칸 한 칸 내려와
상속 포기 각서를 쓴다

송년

1

아직도 놓지 못한
무거운 욕망으로

지금도 그리려는
뜨거운 소묘를

차라리 포기하려는
서글픈 배려에

2

무채색 신음으로
견뎌낸 과거라고

지우려 되짚는
목탄 같은 해후가

기어이 다시 서러운
속살 같은 눈물에

첫차

첫차는
어둠이 냉동된 새벽
예열되지 않은 도시를
접수한다

여명이 서리처럼
내리는 정류장에서
몸살 앓듯 하루를
시작하는 사람들

채 시린 온기에
얼어버린 시름
어제 같은 위로에도
녹지 않아

보탤 것 없는 형편
나 보듯 서로 보며
눈 감는 체념을

첫차는
고드름 같은 도시
어느 언저리에
아무렇지 않게
부려 놓고 간다

눈은 별이다

어둠의 무한 공간을
떠나온 별빛
산란지로 회귀하는
은어 통신처럼

구속과 방임이
혼재하는 시간을
본능적으로 위치 삼아

평범한 사랑과
겸손한 배려를
탐욕의 소실점으로
소멸시키는

세상의 배신을
용서하기 위해
눈으로 태어난다

하늘 날개 펴서
하얗게 빛나는
눈으로 태어난다

옹이

지켜야 할 것을
지키지 못한 갈등으로
덧난 상처라서

거두지 못한 잘못의
길들여진 배반을 위한
서먹한 용서라서

가질 수 없는 욕망의
탐내는 분심이 겪는
텅 빈 후회라서

결 고운 날들의
지나간 흔적이 밴는
깊은 탄식이라서

늘 그러하듯
말하지 않은 채
남겨진 날에 두는
박제된 허무라서

섣달 그믐

다시 불러보는 이름
이렇게 애틋한데
어디서 잊었더냐

다시 찾아보는 얼굴
이렇게 그리운데
어디서 지웠더냐

다시 새겨보는 인연
이렇게 아픈데
어디서 버렸더냐

수줍은 눈짓으로
다가선 포옹도
뜨거운 미련으로
여울진 입맞춤도
여기 이렇게 남았는데

그지 없는 나의 너를
어디서 놓았더냐

까치설

얼음 서걱이는
아침을 쪼는 까치도
설을 쇠는데

계단 높은 동네
망가진 굴뚝으로
끊어내지 못한 궁기*
골골하는 함석집에는

밤새우는 주정
서방 손찌검으로
눈 멍든 아낙네 설움
몰아치는 쪽방집에는

까치가 물어다 주는
설조차 없다

* 궁기 : 가난하고 어려운 기색

경안천

떠나는 사람
두고 가는 마음 같은
천변 얼음 기슭

유유히 흐르는
어미 오리를
종종거리는 아기 오리
바람 묻은 햇빛을
헤적이고

둑방 너머
꽁꽁 언 논바닥
벼 그루터기 숨은 풀씨
가늘게 눈 뜨는 오후

반쯤 조는 점백이
하품 늘어진 들길 따라

봄이 오는 소리
조붓한 경안천으로
나들이 간다

그리고…

미안하다

사랑 깊어지면
아릿하게
새겨지는 말

사랑 겨워지면
피 배이게
입술 깨무는 말

미 · 안 · 하 · 다

심연을 깊게 길어
정수리에 붓는
사랑이라서

빈 들에 멈추어
초롱꽃처럼 피는
사랑이라서

사랑은
미안에게
미 · 안 · 하 · 다

허투루

나는
오늘을 살아서
오늘을 죽는다

하루는
내 삶의 분깃에서
하루의 무게로 떨어져
좋거나 좋지 않거나
사용 후 폐기된다

또렷한 기억이거나
아득한 망각이거나
허투루 베어지는
소멸의 알싸한 예감

나는
오늘을 살아서
오늘을 죽는다

사랑하라

사랑하라
죽을 것처럼

나미브 사막*
타는 모래 폭풍을
숨어 견디는 전갈처럼
사랑하라

그린란드
찢기는 빙하를
떠도는 북극여우처럼
사랑하라

파미르고원**
가파른 절벽 기슭을
스며 가는 설표처럼
사랑하라

---

* 나미브 사막 : 남아프리카 서해안에 위치한 사막. 나미비아 서부, 남아공 북서부에 위치해 있다.
** 파미르고원 : 중앙아시아 남동쪽에 있는 고원

마리아나 해구***
비티아즈 해연에
빛 죽은 심해어처럼
사랑하라

사랑하라
죽을 것처럼
그에 죽을 것처럼

*** 마리아나 해구 : 태평양 서부 마리아나 제도의 동쪽에 있는 해구. 깊이 11,022미터로 세계에서 가장 깊은 **비티아즈 해연**이 있다.

세상 그리고 너

세상이 날 버려도
나는 세상 버릴 수 없다

세상에는
내가 사랑해야 할
사람이 있기 때문이다

세상이 날 외면해도
나는 세상 외면할 수 없다

세상에는
내 목숨보다 소중한
사람이 있기 때문이다

세상이 날 눈물짓게 하여도
나는 세상 원망할 수 없다

세상에는
고요히 생각나는
사람이 있기 때문이다

아무리
세상이 날 버리고 버려도
끝끝내
나는 세상 버릴 수 없다

세상에는
네가 있기 때문이다
세상에는
네가 있기 때문이다

갤러리

성산 대교 건너
건조하게 구획된
달력 같은 갤러리엔

낯선 인연의 고리
얽힌 방명록
해후는 멋쩍고

엇갈린 비평
미묘하게 감춘
해설은 어설펴

첫사랑부터
소풍을 떠난
낯화를 매듭짓는다

마감 시간 넘긴
욕망의 뜨거운 처음을
표백한 갤러리엔

은은한 탈선이
추파처럼 걸려 있다

너도 있구나

처음 잡은 손
담담한 순종은
문틈 가르는 햇빛 속
먼지 같은데

다시 잡은 손
겸손한 거부는
꽃잎 흔드는 바람 속
너울 같은데

그리워 아픈 사랑
거기에
먼지처럼 너도 있구나

못 잊어 설운 사랑
거기에
너울처럼 너도 있구나

외로워 포기한 사랑
거기에
나처럼 너도 있구나

너는 그림을

어둠 베어진 자리에서
한 번의 접선으로
알 수 없는 예감을
너는 수채화처럼 그린다

가만히 외로워진 미로에서
소유할 수 없는
아름다운 배반을
너는 유화처럼 그린다

낯선 욕망 사르는 곳에서
과거에 연연하는
옴나위없는* 좌절을
너는 판화처럼 그린다

---

* 옴나위없는 : 꼼짝을 할 여유가 없는

등

그 사람
등이 보이거든
사랑이 시작된 줄 아십시요

철썩이는 세월 받아낸
등 굽은 한숨을 껴안는

포옹은
정갈한 안도와
기대하지 않은 인정의
지극한 위로가 되어

사랑은 무관심 속에선
싹트지 않노라는
누군가의 체념이
어둠에 잠길 때

그 사람
철썩이는 세월 지고 온
굽은 등 보이거든
사랑이 시작된 줄 아십시요

채움

파랑 바랜 자리
파랑만 채울 수 있고

빨강 지워진 자리
빨강만 채울 수 있고

아무것도 없는 자리
아무것도 없는 것만
채울 수 있고

빨강처럼 파랑처럼
아무 것도 없는 것처럼
사랑도 그렇고

버스 정류장

햇빛 그늘진 정류장
버스는 떠났다

적막이 가린
정류장 빨간 벽돌담을
엉켜 오르는 담쟁이
격렬한 몸짓은
이미 사랑이 아니었다

낡은 표지판을
밤 새우는 가로등
그림자에 걸린 고백도
또한 사랑이 아니었다

옛사랑이 찍었던
버스는 떠났고
기다리는 사람이
내리지 않는 정류장

아직도
따뜻한 후회가
빨간 벽돌담에
불빛처럼 고여 있어

붉게 그려진
담쟁이 잎새 껴안고
안개처럼
입맞추고 싶다

솔 & 파

날카로운 별빛
어둠 가르는 밤

무엇이 되려는
논쟁의 씨줄과 날줄에

나는 솔을 거는데
너는 파를 거둔다

솔이 파가 되는
변주의 미로

날선 배반의 칼
서로를 찔러 피 돋는
갈등의 마디마다

솔 & 파의 시퍼런 독선
다른 미련으로
절연을 곱이친다

세모

빈 지갑 같은 달력
허울의 종 울리면

분노는 비겁하게
허기진 부조리를

화려한 불빛에 가려
맹장처럼 키운다

두물머리*

서로 다른 물빛
서로 다른 이름으로
거칠게 부딪치는
필연의 궤적을

시간의 폭 넓혀
치열하게 겨루는
두물머리에서

밀고 당기는 영욕
손대지 않는 것은
격렬한 투쟁에 대한
선택적 묵계였고

예측할 수 없는 여정
동행하는 것은
지독한 이별에 대한
각별한 인정이었다

처음의 소용돌이가
하나의 물빛
하나의 이름으로
다시 조우하는 것도

갈등 치유를 위한
두물머리의
세심한 배려였다

* 두물머리 : 두 갈래 이상의 물줄기가 한데 모이는 지점

신기료*

겹겹이 배인 수고
고갈된 욕망으로
헤진 구두피 깁는
굽은 손 펴서

오랜 궁상의 굴레
땀 묻은 고단으로
닳은 구두굽 가는
무딘 칼 벼려

헤진 수고와
닳은 궁상이
길들은 거리에서

침묵하는 눈물과
잃어버린 위로를
기워주는
늙은 신기료

용서할 수 없는 세월에
지친 사람들 위해
드문 인정 저물도록
불을 밝힌다

---

* 신기료 : 헌 구두나 신발을 깁는 일을 업으로 하는 사람

기도

어둠을 밟고 오는
별빛 사르는 새벽
벗지 못한 회개를
기도하는 전도사

엉킨 믿음의 실타래
한 올 한 올 풀지 못해
방황하는 갈등을
통성으로 기도하는데

다가갈수록 멀어지는
신의 그림자 찾아

볼수록 알 수 없는
성경을 붙들고

돌밭 가시넝쿨에
버려진 씨앗처럼
막막한 구도의 길을

오롯이 순종하는
눈물 마른 자리에

신은
모세의 샘물을
다시 붓는다

낙타의 눈물

1

그대 아는가
흥안령산맥* 끝을
여는 고비 사막에 가면

풀이 자라지 않는 땅
낙타는 쌍봉을 헐어
펄럭이는 주술처럼
사막을 건너고

마두금** 타는 울림
모래 언덕 오르면
그렁그렁 맺히는
낙타의 눈물은

어미 잃은 새끼 낙타
품 열어 젖 물리고
몸 낮춰 빙하의 바람
가려준다는 걸

2

그대 들었는가
몽골고원 가로질러
막다른 고비 사막에 가면

푸석이는 모래땅
낙타는 마른 침 삼켜
옭아맨 밧줄 같은
갈증을 풀고

마두금 켜는 전설
하늘빛으로 깃들면
서늘한 눈썹에 젖는
낙타의 눈물은

천년을 땅속으로 스며
짜디 짠 지하 염수로
흐른다는 걸

---

* 흥안령산맥 : 싱안링 산맥(중국 만주 지방에 있는 산맥)
** 마두금 : 몽고의 민속 악기의 하나.

인생, 그 시시한 이야기 1

1판 1쇄 발행 | 2023년 3월 13일

지은이 김화중 | **펴낸이** 박우현 | **펴낸곳** 봄날의 느낌
편집 박정음 | **디자인** 유광수
마케팅 김경옥, 김태준 | **등록** 제251-2011-060호
주소 서울시 마포구 잔다리로 120 303호 (서교동, 성동빌딩)
전화 02-747-1577 | **팩스** 02-747-1599
이메일 logici777@hanmail.net
홈페이지 www.logici.co.kr
ISBN 978-89-967397-5-3 03810